Impressum
Verlag: BABADADA GmbH, Nedderfeld 112 , 22529 Hamburg
Geschäftsführer / Verlagsleitung: Harald Hof
Druck: Books on Demand GmbH, In de Tarpen 42, 22848 Norderstedt

Imprint
Publisher: BABADADA GmbH, Nedderfeld 112 , 22529 Hamburg, Germany
Managing Director / Publishing direction: Harald Hof
Print: Books on Demand GmbH, In de Tarpen 42, 22848 Norderstedt, Germany

школа
dibistan

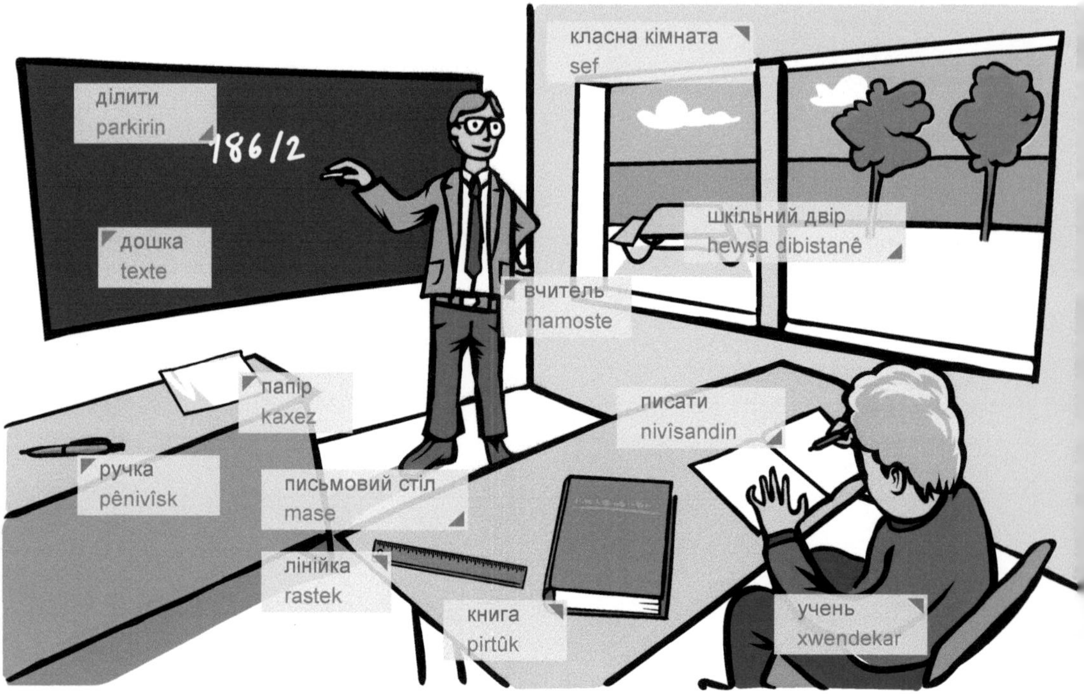

класна кімната
sef
ділити
parkirin
186/2
дошка
texte
шкільний двір
hewşa dibistanê
вчитель
mamoste
папір
kaxez
писати
nivîsandin
ручка
pênivîsk
письмовий стіл
mase
лінійка
rastek
книга
pirtûk
учень
xwendekar

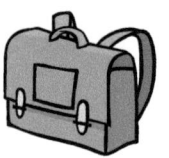

ранець
çewal

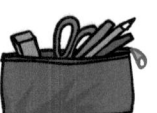

пенал
qûtî nivîstok

олівець
qelemrisas

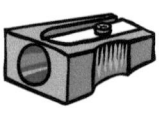

точило
nivîstok tûjkir

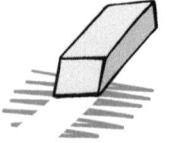

гумка
jêbir

альбом для малювання
nivîska nîgarê

малюнок

nîgar

пензель

firçeya rengê

коробка фарб

qûtî reng

ножиці

meqes

клей

lezaq

зошит

pirtûka fêrbûn

домашнє завдання

wezîfa malê

число

hejmar

додавати

zêdekirin

віднімати

derxistin

множити

zêdekirin

рахувати

hesibandin

літера

tîp

абетка

alfabe

слово

peyv

текст
nivîsê

читати
xwandin

крейда
geç

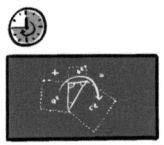

година
ders

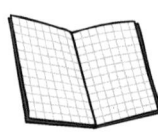

класний журнал
qeydkirin

екзамен
îmtîhan

диплом
şehade

шкільна форма
kinca dibistanê

освіта
perwerdehî

лексикон
zanistname

університет
zanîngeh

мікроскоп
mîkroskûp

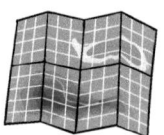

карта
xerîte

кошик для паперу
sepeta kaxezê

подорож

rêwêtî

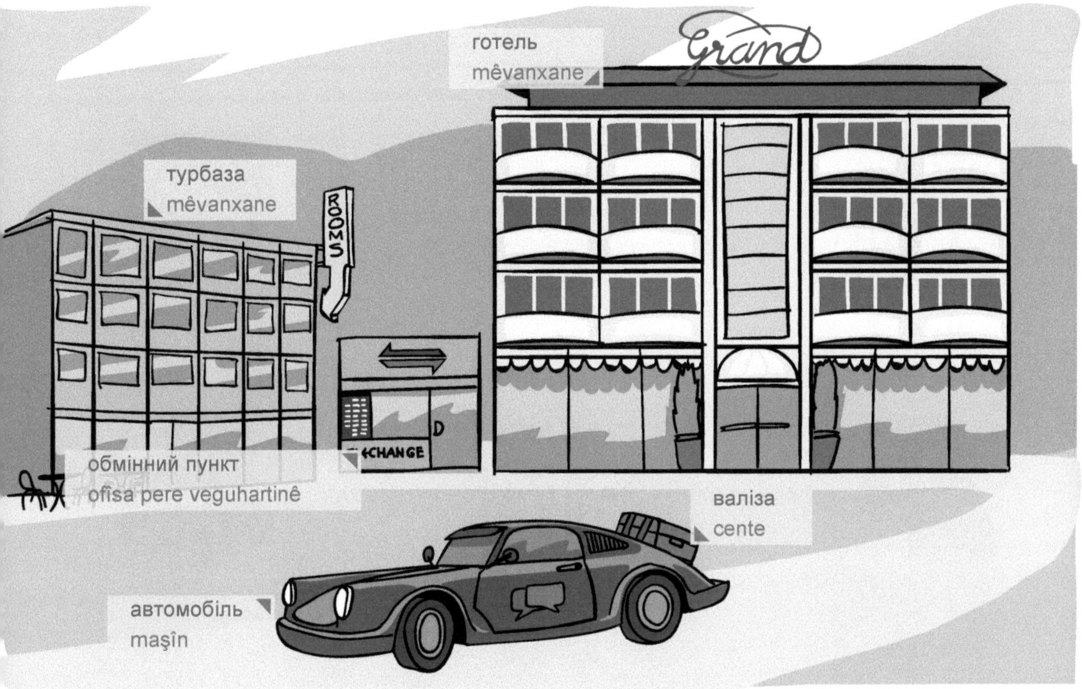

готель
mêvanxane
Grand
турбаза
mêvanxane
ROOMS
обмінний пункт
ofisa pere veguhartinê
EXCHANGE
валіза
cente
автомобіль
maşîn

мова

ziman

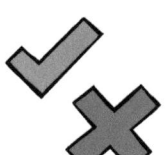

так / ні

belê / na

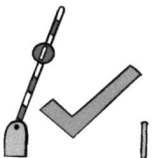

добре

baş

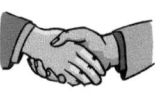

привіт

silav

перекладач

wergêra nivîskî

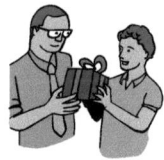

дякую

sipas

Скільки коштує ...?

bihayê ... çi qase?

Я не розумію

ez fam nakim

проблема

pirsgirêk

Добрий вечір!

êvarbaş!

Доброго ранку!

beyanî baş!

На добраніч!

şev baş!

До побачення

xatirê te

напрямок

alî

багаж

hûrmûr

сумка

çente

рюкзак

çente pişt

гість

mêvan

кімната

ode

спальний мішок

came xew

намет

çadir

туристична інформація

agagiyên gerokan

пляж

rexê avê

кредитна картка

kartê qerzê

сніданок

taştê

обід

firavîn

вечеря

şîv

квиток

kart

ліфт

asansor

поштова марка

pûl

межа

tixûb

митниця

gumirk

посольство

balyozxane

віза

vîza

паспорт

pasaport

транспорт

guhaztin

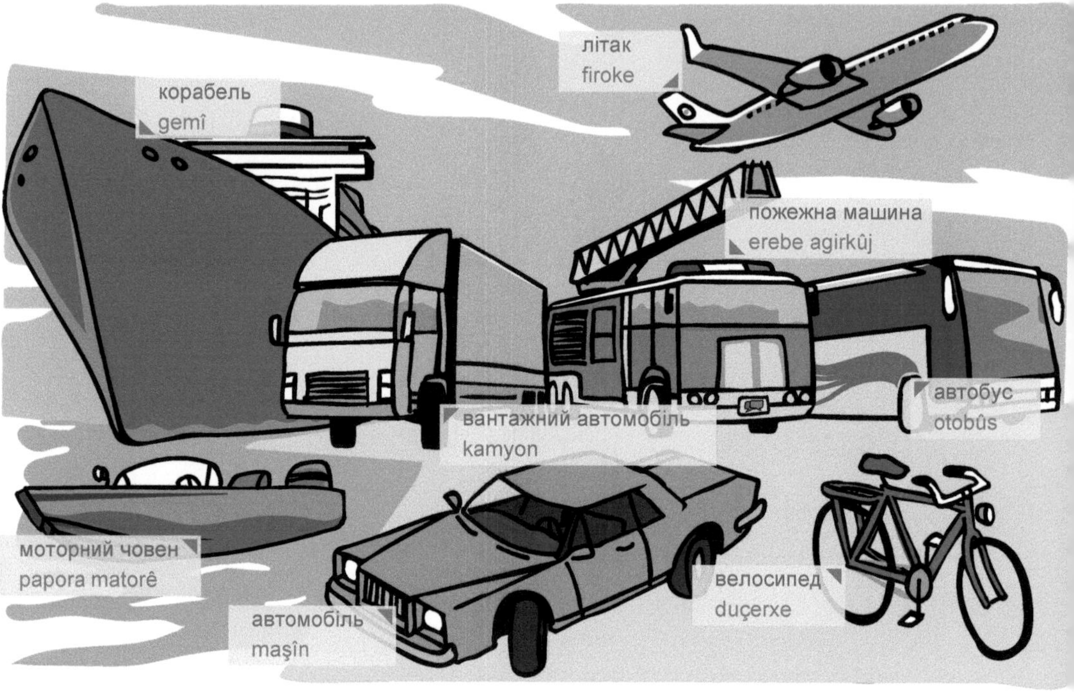

літак
firoke
корабель
gemî
пожежна машина
erebe agirkûj
автобус
otobûs
вантажний автомобіль
kamyon
моторний човен
papora matorê
велосипед
duçerxe
автомобіль
maşîn

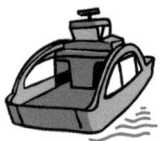

пором

papor

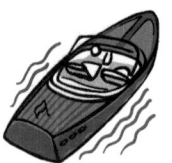

човен

papor

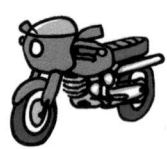

мотоцикл

motorsîklêt

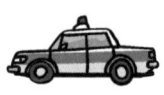

поліцейська машина

trimbêla polîsê

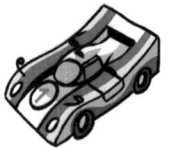

гоночний автомобіль

trimbêla pêşbaziyê

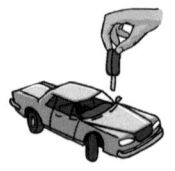

автомобіль на прокат

erebe kirêkirinê

спільне користування авто

maşîn pervekirin

евакуатор

kamyona kişandinê

сміттєвоз

kamyona xwelî

двигун

motorsîklêt

паливо

mazot

автозаправна станція

îstegeha benzînê

дорожній знак

tabloya tirafîkê

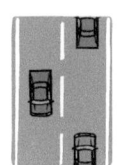

рух

hatinûçûn

затор

tirafîk

стоянка

cihê parkê

вокзал

rawesteka trênê

рейки

rêç

потяг

trên

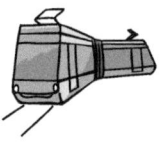

трамвай

trênê kolanê

вагон

erebe

гелікоптер

babirok

аеропорт

balafirgeh

вежа

birc

пасажир

misafir

контейнер

qûtî

коробка

qûtî

візок

girgirok

кошик

selik

стартувати / приземлятися

rabûn / nîştin

місто

bajar

село

gund

центр міста

navenda bajarê

дім

xanî

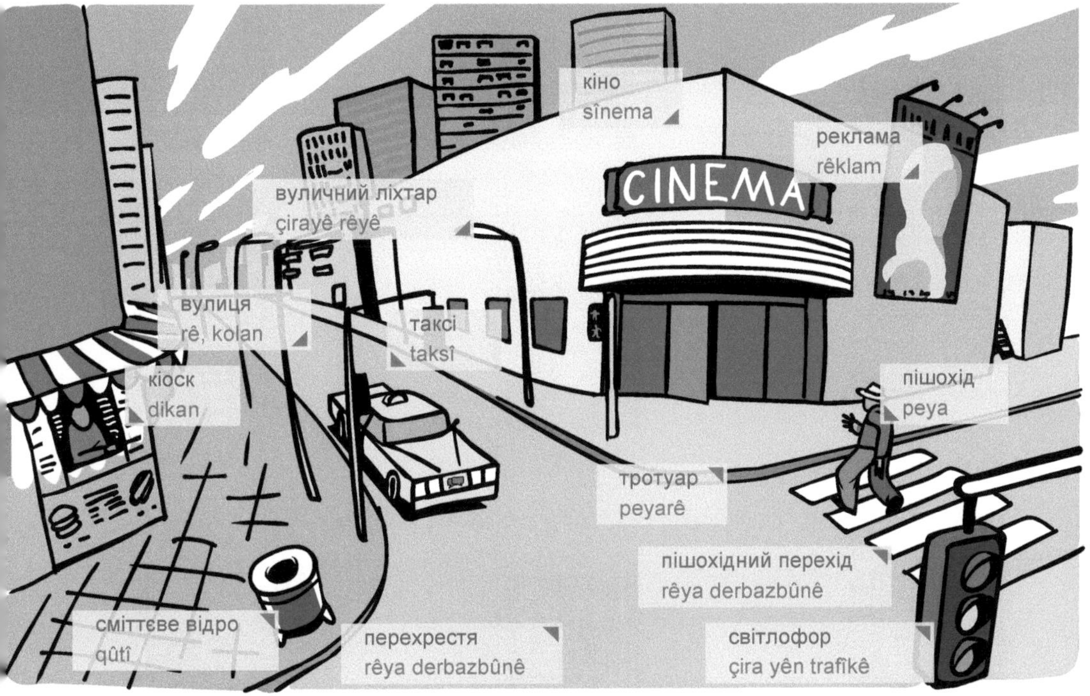

кіно
sînema

реклама
rêklam

вуличний ліхтар
çirayê rêyê

CINEMA

вулиця
rê, kolan

таксі
taksî

пішохід
peya

кіоск
dikan

тротуар
peyarê

пішохідний перехід
rêya derbazbûnê

сміттєве відро
qûtî

перехрестя
rêya derbazbûnê

світлофор
çira yên trafîkê

хатина
....
kox

квартира
....
xanî

вокзал
....
rawesteka trênê

ратуша
....
telara şarevanî

музей
....
mûzexane

школа
....
dibistan

університет

zanîngeh

банк

bank

лікарня

nexweşxane

готель

mêvanxane

аптека

dermanxane

офіс

ofîs

книжковий магазин

kitêbfiroşî

магазин

dikan

квітковий магазин

gulfiroş

супермаркет

bazar

ринок

bazar

універмаг

supermarket

торговець рибою

masîfiroş

торговельний центр

navenda kirrîn

гавань

bender

парк

park

лава

sekû

міст

pir

сходи

derince

метро

jêr erdê

тунель

tunnel

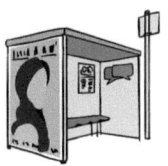

автобусна зупинка

îstgeha otobûs

бар

bar

ресторан

xwaringeh

поштова скринька

sindûqa postê

вулична табличка

nîşanderka rêyê

лічильник паркування

metra parkîngê

зоопарк

baxça heywanan

басейн

hewza melevanî

мечеть

mizgeft

ферма

cotgeh

забруднення навколишнього середовища

lewitandina derdor

кладовище

goristan

церква

kenîse

дитячий майданчик

erdê leyistinê

храм

perestgeh

ландшафт
tebîet

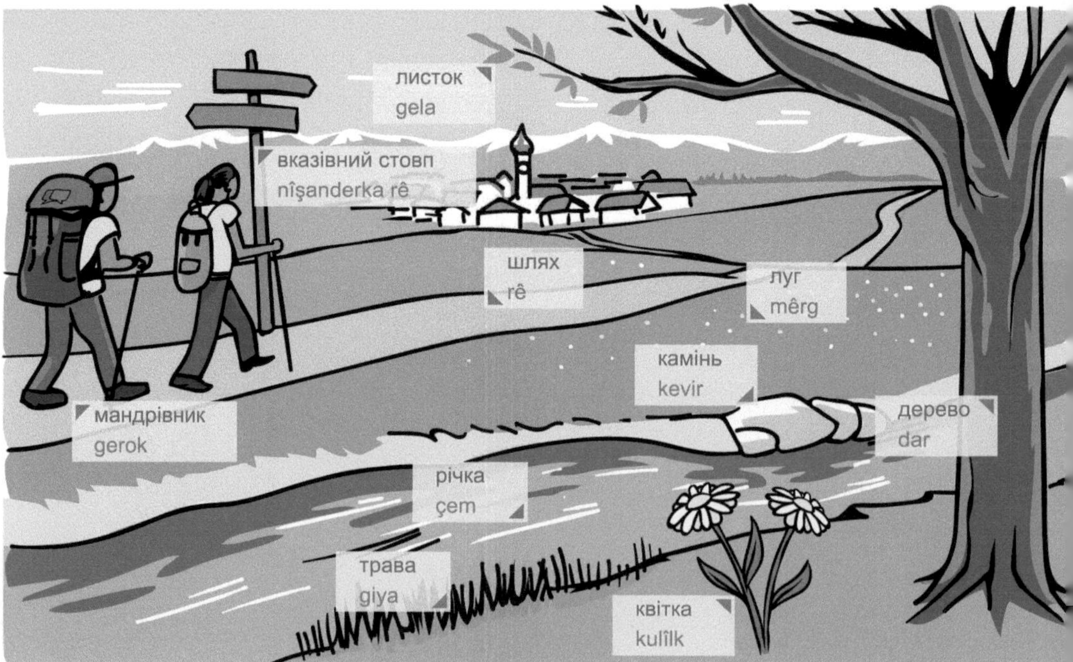

листок
gela

вказівний стовп
nîşanderka rê

шлях
rê

луг
mêrg

камінь
kevir

дерево
dar

мандрівник
gerok

річка
çem

трава
giya

квітка
kulîlk

долина

dol

гора

gir

озеро

gol

ліс

daristan

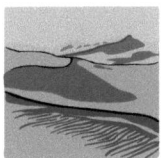

пустеля

beyaban

вулкан

volkan

замок

keleh

веселка

keskesor

гриб

kivark

пальма

darqesp

комар

mixmixk

муха

mêş

мурашка

mêrî

бджола

hing

павук

pîrê

ландшафт - tebîet

жук

kêzik

жаба

beq

вивірка

sihor

їжак

jîjok

заєць

kerguh

сова

pepûk

птах

çivîk

лебідь

qû

кабан

berazê covî

олень

pezkovî

лось

pezkovî

гребля

bendav

вітряк

tûrbîna ba

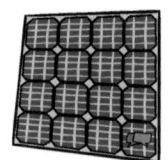

сонячний модуль

panela xorê

клімат

av û hewa

16   ландшафт - tebîet

ресторан

xwaringeh

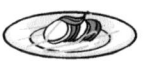

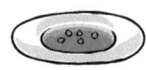

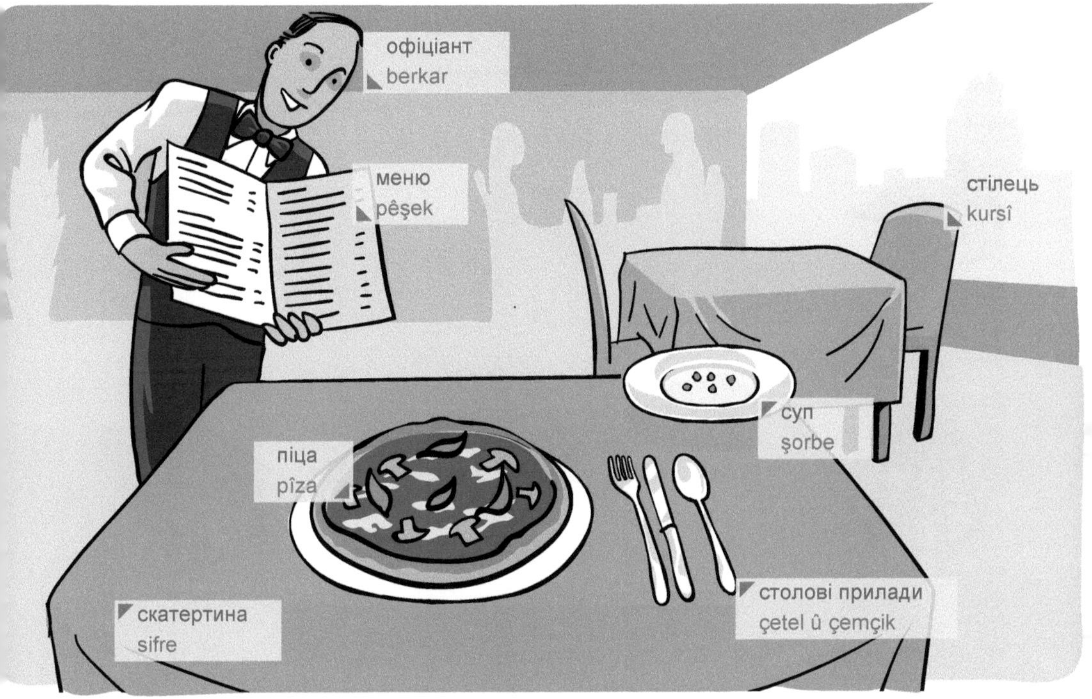

офіціант
berkar
меню
pêşek
стілець
kursî
суп
şorbe
піца
pîza
скатертина
sifre
столові прилади
çetel û çemçik

закуска

xwarina destpêk

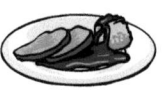

друга страва

xwarina serekî

десерт

şêranî

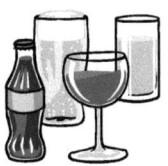

напої

vexwarinan

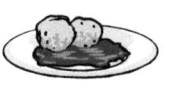

їжа

xwarin

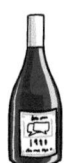

пляшка

cam

фаст-фуд

xwarina lez

вулична їжа

xwarina rêyê

чайник

çaydanik

цукорниця

qûtî şekirê

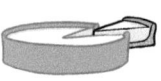

порція

beş

еспресо-машина

mekîna çêkirinê espresso

високий стільчик

kursiya bilînd

рахунок

hesab

піднос

sênî

ніж

kêr

вилка

çetel

ложка

kevçî

чайна ложка

kevçiya çay

серветка

pêşgir

склянка

qedeh

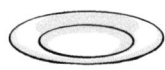

тарілка

teyfik

тарілка для супу

teyfika şorbe

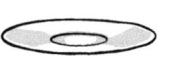

блюдце

piyale

соус

çênc

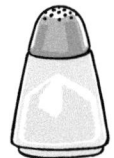

солонка

xwêdank

млин для перцю

qûtî bîbar

оцет

sêk

масло

rûn

спеції

biharat

кетчуп

ketçap

гірчиця

mustard

майонез

mayonêz

супермаркет

bazar

пропозиція
pêşkêşên taybet
FOR
клієнт
mişterî
молочні продукти
şîremenî
фрукти
fêkî
візок для покупок
erebe

BUTCHERS

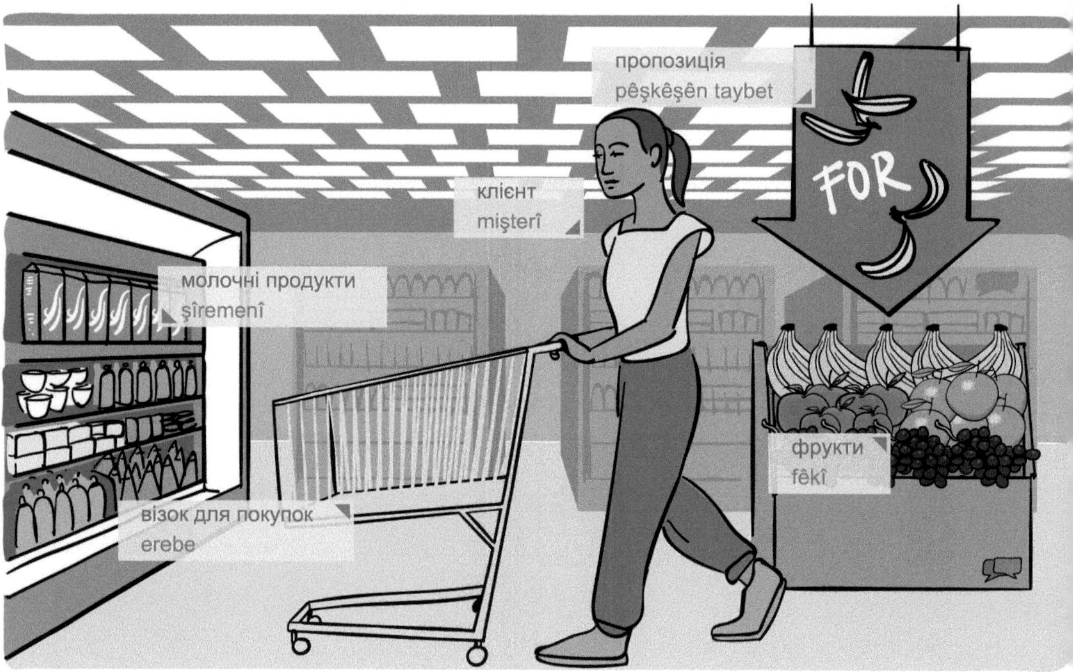

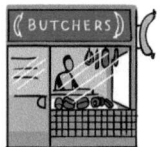

м'ясний магазин

qesabî

BAKERY

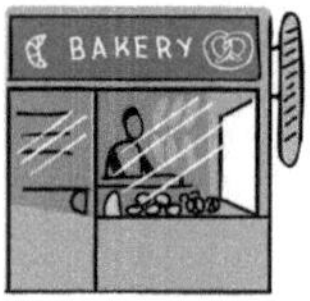

пекарня

dikana nanpêj

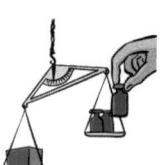

зважувати

wezin kirin

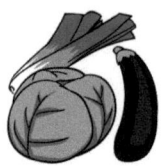

овочі

sebze

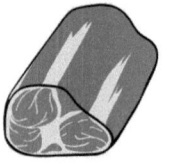

м'ясо

goşt

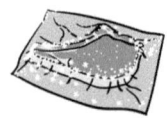

заморожені продукти

xwarinê cemedî

ковбасна нарізка

goştê sar

консерви

xwarina pîlê

пральний порошок

xubarê paqijkirinê

солодощі

şirînî

предмети домашнього побуту

berhemên navxweyî

мийний засіб

berhemên paqijkirinê

продавщиця

firoşyar

каса

xeznok

касир

diravgir

список покупок

lîsta kirrînê

часи роботи

demên vekirî

гаманець

cizdan

кредитна картка

kartê qerzê

сумка

çewal

поліетиленовий пакет

çente

вода

av

сік

şerbet

молоко

şîr

кола

komir

вино

şerab

пиво

bîra

алкоголь

alkol

какао

kakwo

чай

çay

кава

qehwe

еспресо

espresso

капучіно

kapoçîno

банан

moz

яблуко

sêv

апельсин

pirteqalî

кавун

gundor

лимон

lîmon

морква

gêzer

часник

sîr

бамбук

qamir

цибуля

pîvaz

гриб

qarçik

горішки

gewîz

локшина

şihîre

спагеті

spagêttî

рис

birinc

салат

selete

картопля фрі

çîps

смажена картопля

peteteya biraştî

піца

pîza

гамбургер

hamburger

бутерброд

nanok

шніцель

goştê stûyê berxî

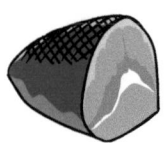

шинка

goştê hişkkirî

салямі

salamê

ковбаса

sosîs

курка

mirîşk

печеня

bijartin

риба

masî

вівсяні пластівці

şorbe bilûl

мюслі

mûslî

кукурудзяні пластівці

kertên gilgilan

борошно

ard

круасан

croissant

булочка

semûn

хліб

nan

тостовий хліб

tost

печиво

nanik

масло

nivîşk

сир

mast

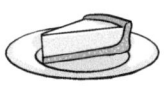

пиріг

kulîçe

яйце

hêk

яєчня

hêka qelandî

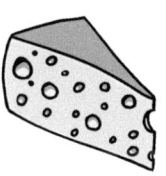

сир

penîr

морозиво

dondirme

цукор

şekir

мед

hingiv

мармелад

mireba

нуга-крем

xameya nougat

карі

kurrî

ферма
cotgeh

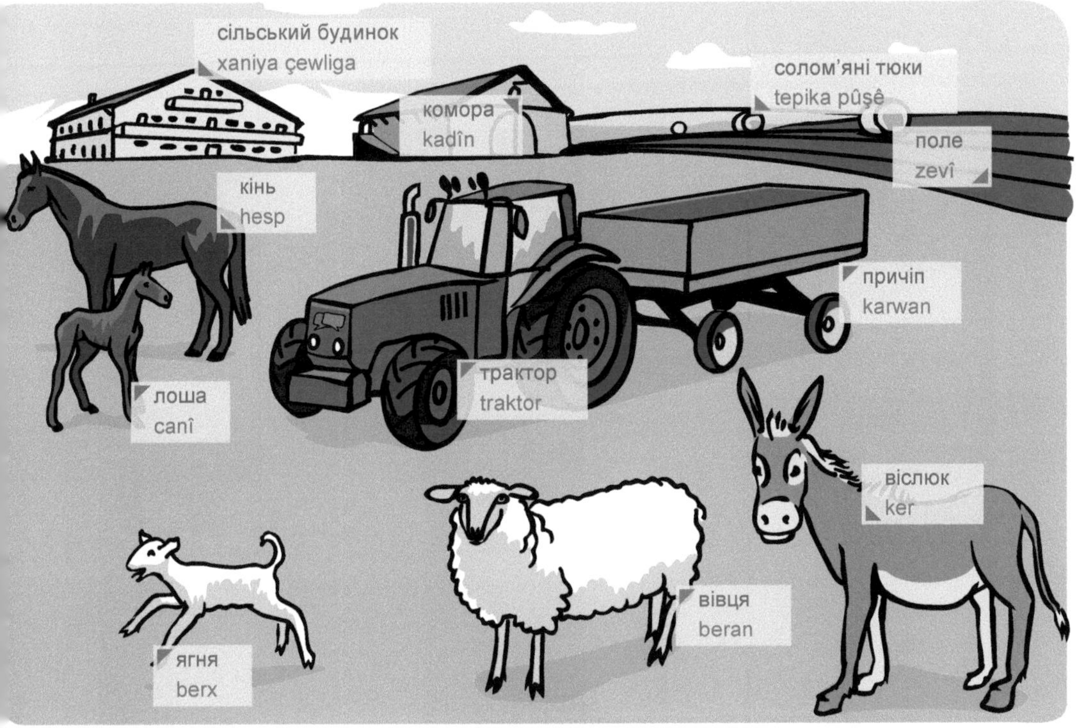

сільський будинок
xaniya çewliga
солом'яні тюки
tepika pûşê
комора
kadîn
поле
zevî
кінь
hesp
причіп
karwan
трактор
traktor
лоша
canî
віслюк
ker
вівця
beran
ягня
berx

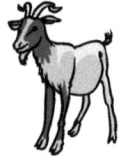

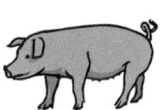

коза

bizin

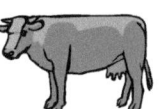

корова

çêlek

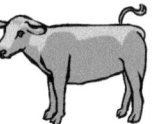

теля

golik

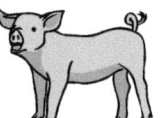

свиня

beraz

порося

xinzîrk

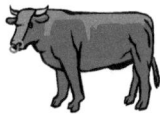

бик

boxe

гусак
qaz

качка
miravî

курча
cûçik

курка
mirîşk

півень
keleşêr

щур
circ

кіт
kitik

миша
mişk

віл
ga

собака
kûçik

собача будка
xaniya kûçikê

садовий шланг
xanî baxê

лійка
qûtîka avdanê

коса
şalûk

плуг
gasin

ферма - cotgeh

серп

das

мотика

merbêr

вила

darsapik

сокира

bivir

тачка

destgere

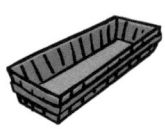

корито

qûtî xwarina candaran

бідон молока

qûtî şîr

мішок

tûr

паркан

çeper

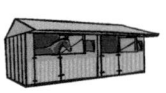

хлів

axur

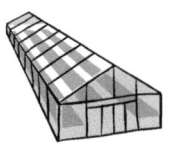

теплиця

xana kulîlkan

ґрунт

ax

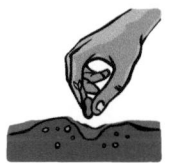

насіння

dendik

добриво

peyn

комбайн

kombayn

пожинати

zad

урожай

zad

корінь ямсу

petete

пшениця

genim

соя

fasolî

картопля

petete

кукурудза

dexl

ріпак

dindik

плодове дерево

darê fêkî

маніок

sêvê bin erdê

злаки

zad

дім

xanî

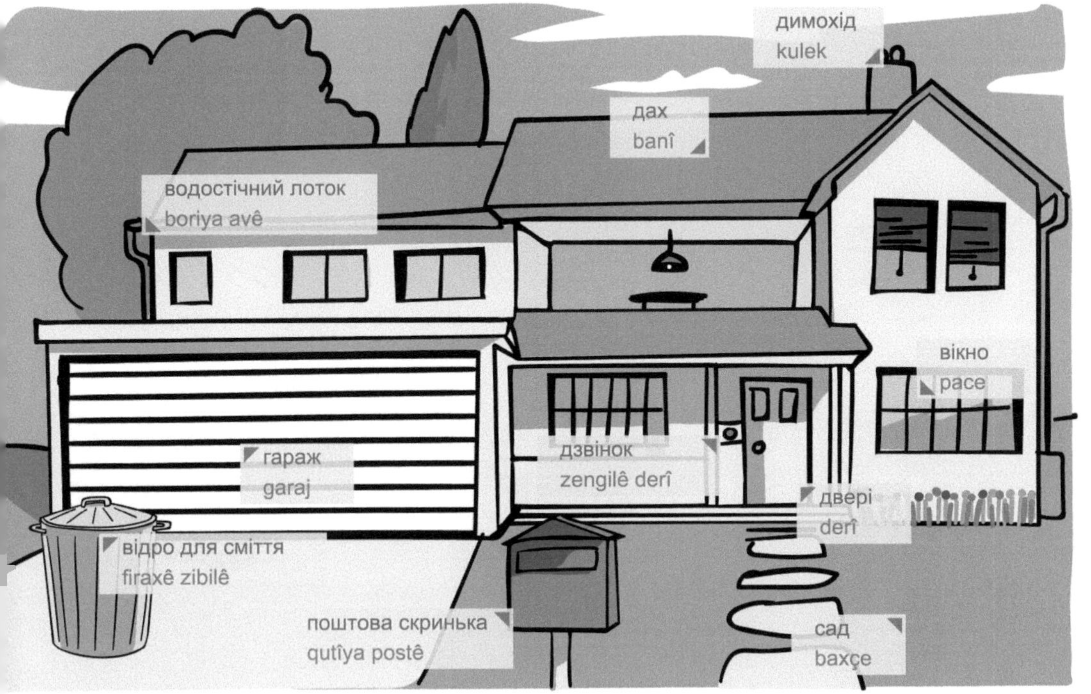

димохід
kulek
дах
banî
водостічний лоток
boriya avê
вікно
pace
гараж
garaj
дзвінок
zengilê derî
двері
derî
відро для сміття
firaxê zibilê
поштова скринька
qutîya postê
сад
baxçe

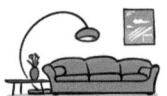

вітальня

oda rûniştinê

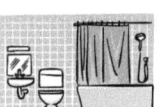

ванна кімната

hemam

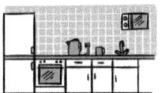

кухня

metbex

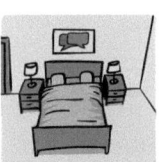

спальня

oda xewê

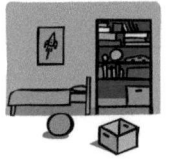

дитяча кімната

odeya zarok

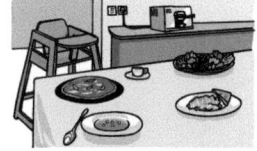

їдальня

oda şîvê

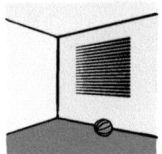

підлога

binî

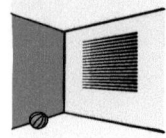

стіна

dîwar

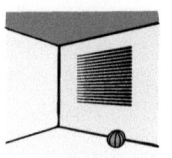

стеля

berban

підвал

xenzik

сауна

sauna

балкон

balkon

тераса

berdanik

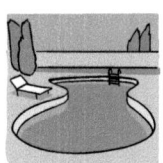

басейн

hewza melevanî

косарка

çîmen birr

простирало

melhefe

ковдра

betanî

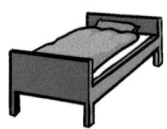

ліжко

nivîn

мітла

gezik

відро

satil

перемикач

kilîl

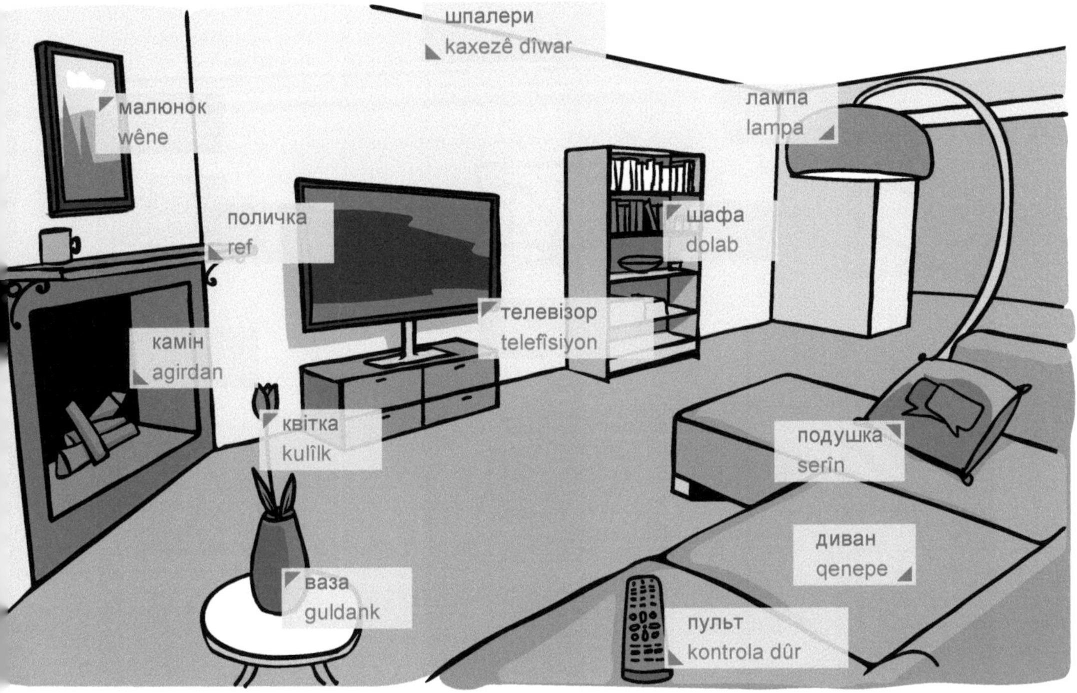

шпалери
kaxezê dîwar

малюнок
wêne

лампа
lampa

поличка
ref

шафа
dolab

камін
agirdan

телевізор
telefîsiyon

квітка
kulîlk

подушка
serîn

диван
qenepe

ваза
guldank

пульт
kontrola dûr

килим

xalîçe

завіса

perde

стіл

mêz

стілець

kursî

крісло-гойдалка

kursiya hejanok

крісло

kursî

книга

pirtûk

ковдра

betanî

прикраса

xemilandin

дрова

êzing

фільм

fîlm

стереосистема

hi-fi

ключ

kilîl

газета

rojname

картина

nîgar

плакат

poster

радіо

radyo

блокнот

defter

пилосос

sivnika elektrîkî

кактус

kaktûs

свічка

mom

кухня
metbex

холодильник
sarinc
мікрохвильова піч
maykroveyv
кухонні ваги
teraziya metbexê
тостер
amûra nan germkirinê
мийний засіб
pagijker
піч
sobe
морозильне відділення
sarker
відро для сміття
firaxê zibilê
посудомийна машина
firaqşok

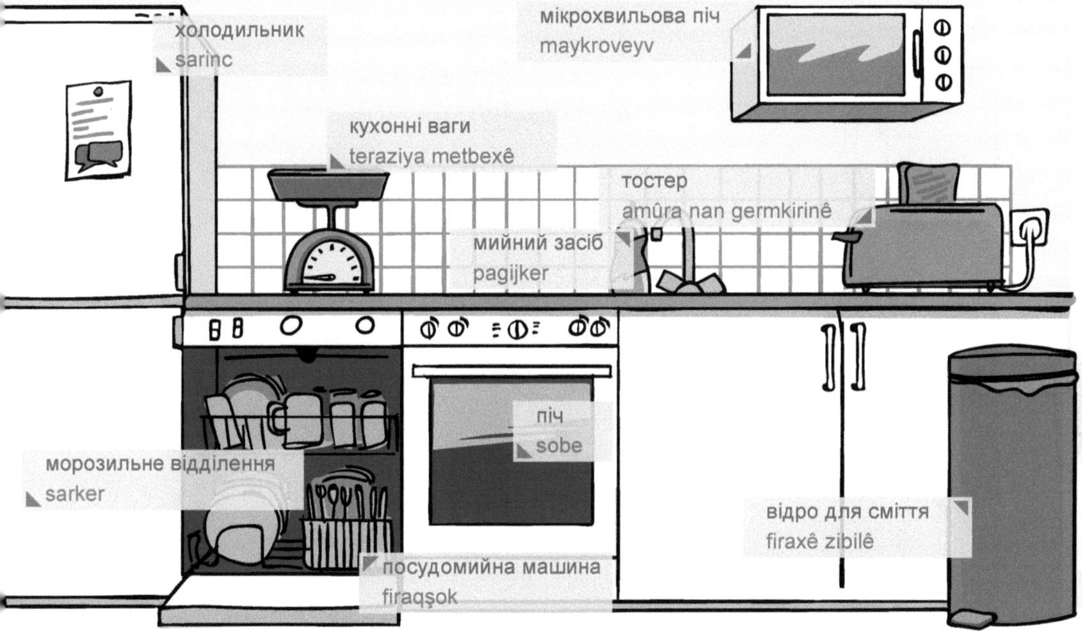

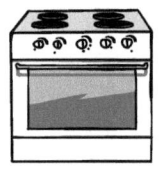

плита

sobe

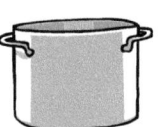

горщик

aman

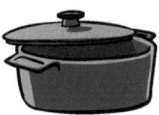

чавунний горщик

amaê ûtû

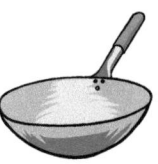

вок / кадай

firaqê mezin

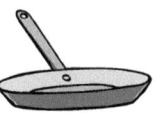

сковорода

dîzik

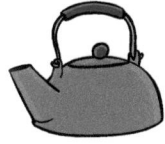

чайник

kelînk

пароварка

firaqê hilmê

лист

sênî nanê

посуд

firaq

кухоль

piyale

чаша

kasik

палички для їжі

darê nanxwarin

черпак

hesk

лопатка

kevçiya mezin

вінчик для збивання

rînek

сито

kefgîr

сито

bêjing

терка

rêşker

ступка

destar

барбекю

biraştin

багаття

agirê vala

дошка

texteya birrînê

качалка

darikê tîrê

штопор

devik badek

конзерва

qûtî

відкривачка

qûtîvekir

прихватки

cawê amanan

раковина

destşo

щітка

firçe

губка

parazoa

міксер

tevdêr

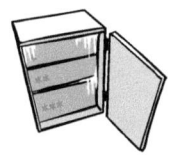

морозильна камера

sarkerê cemedî

дитяча пляшка

şûşe bebikan

кран

henefî

ванна кімната

hemam

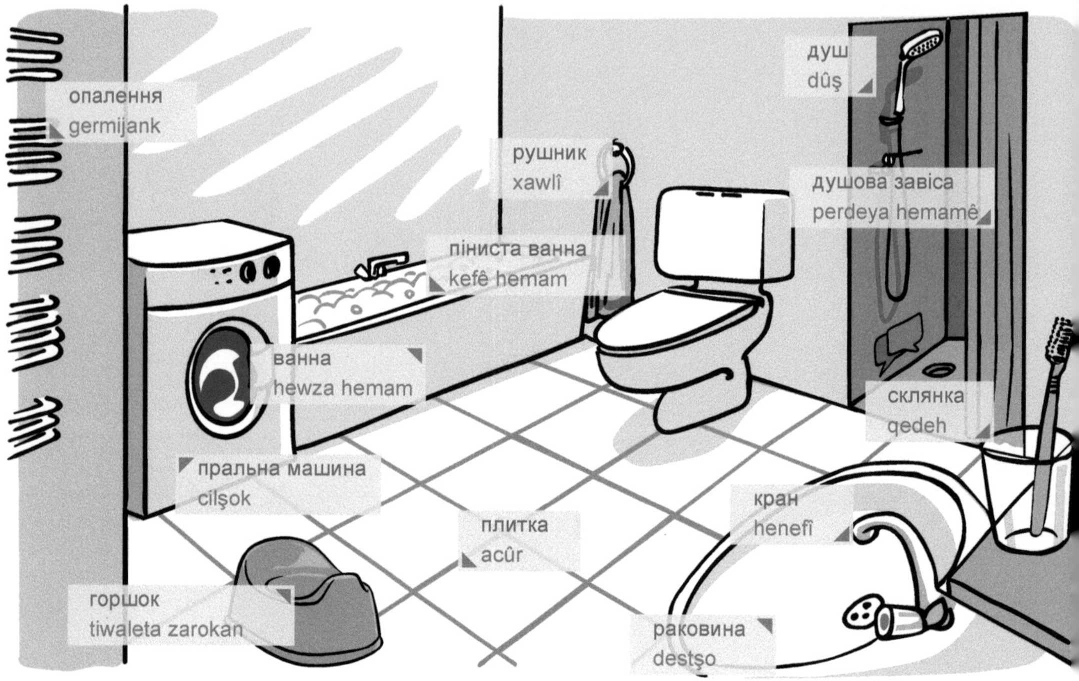
опалення
germijank
рушник
xawlî
душ
dûş
душова завіса
perdeya hemamê
пiниста ванна
kefê hemam
ванна
hewza hemam
склянка
qedeh
пральна машина
cilşok
кран
henefî
плитка
acûr
горшок
tiwaleta zarokan
раковина
destşo

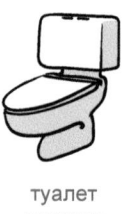

туалет

tiwalet

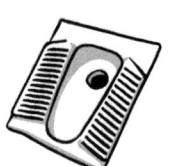

підлоговий туалет

tiwaleta erdê

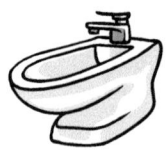

біде

tiwalet

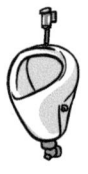

пісуар

avdestxana mêran

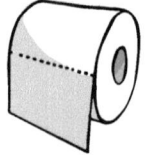

туалетний папір

kaxeza tiwalet

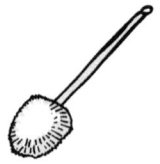

щітка для туалету

firşeya tiwalet

зубна щітка

firçeya diran

зубна паста

mecûna diran

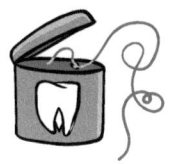

нитка для чищення зубів

nexa didan

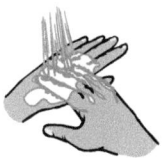

мити

şûştin

ручний душ

dûşê destê

інтимний душ

dûş

таз

destşo

щітка для спини

firça pişt

мило

sabûn

гель для душу

cêlê hemam

шампунь

şampo

мочалка

fanîle

водостік

zêrab

крем

kirêm

дезодорант

bêhn xweşkir

дзеркало

mirêk

косметичне дзеркало

mirêka destê

бритва

gûzan

піна для гоління

kefê teraşînê

лосьйон після гоління

mecûna piştî teraşînê

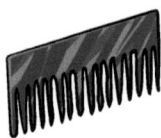

гребінь

şeh

щітка

firçe

фен

por hîşikkir

лак для волосся

sipraya porê

косметика

kozmetîk

губна помада

soravk

лак для нігтів

rengê nînok

вата

pembû

ножиці для нігтів

meqesta nînok

парфум

parfûm

косметичка

çewalê hemamê

табурет

kursiya bêpişt

ваги

terazî

халат

kinca hemamê

гумові рукавички

lepika lastîkê

тампон

tampon

гігієнічні прокладки

xawliya paqijkirinê

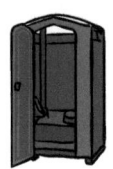

біотуалет

tiwaleta kîmîyewî

дитяча кімната
odeya zarok

будильник
demjimêrk
м'яка іграшка
lîstok
іграшковий автомобіль
maşîna lîstok
брязкальце
xişxişok
ляльковий будиночок
mala lîstok
подарунок
xelat

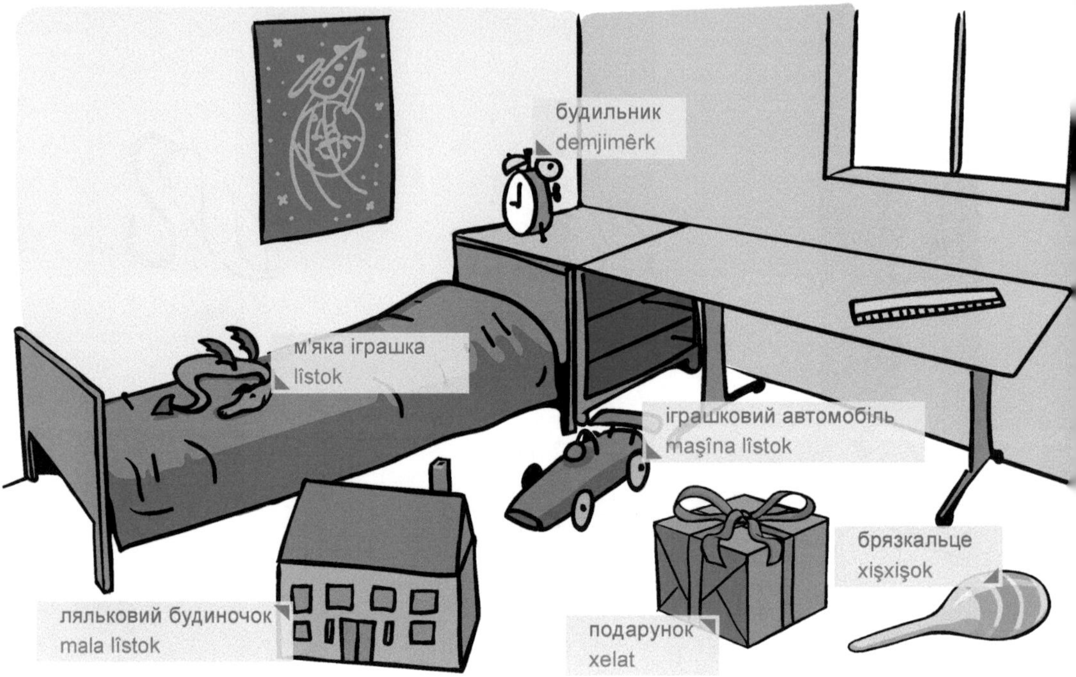

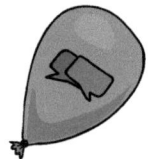

повітряна кулька

pifdank

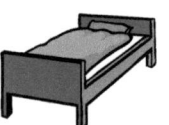

ліжко

nivîn

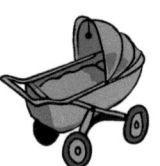

дитячий візок

koçk

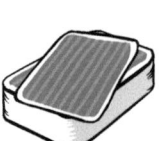

картярська гра

lîstika kartê

пазл

frîzbî

SUPER
MEGA

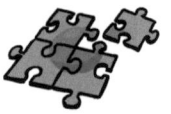

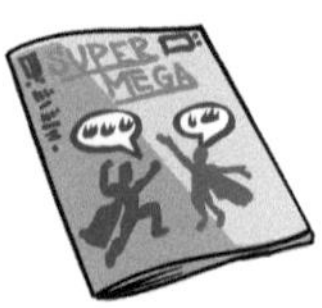

комікс

komîk

лего цеглинки

acûra lêgo

блоки

acûra lîstok

іграшкова фігурка

bûke şûşe

повзунки

kinca bebikan

фризбі

frizbee

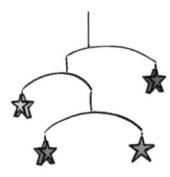

мобіле

veguhestin

настільна гра

lîstikên texte

кубик

mor

модель залізнична станція

modêla trênê

соска

memik

вечірка

cejn

книжка з картинками

kitêba wêne

м'яч

top

лялька

bûke şûşe

грати

leyîstin

пісочниця

kuna xîzê

гойдалка

colane

іграшка

lîstokan

гральна консоль

lîstika vîdeoyî

триколісний велосипед

sêçerxe

плюшевий мішка

hirça lîstok

шафа

cildank

ОДЯГ

kinc

шкарпетки

gore

панчохи

gore

колготки

derpêgorê

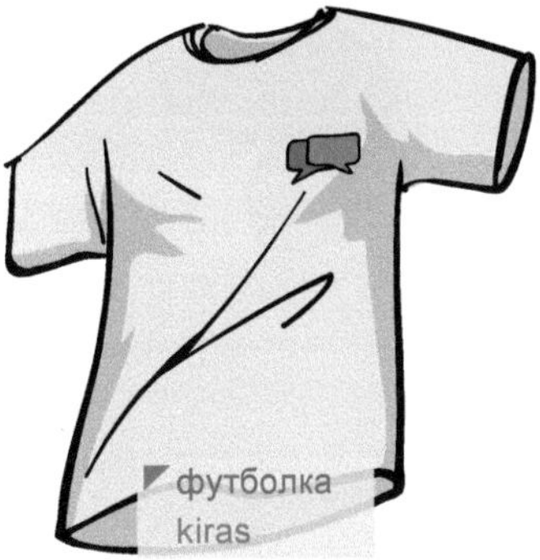

шарф
şal

ремінь
qayiş

парасоля
çetir

футболка
kiras

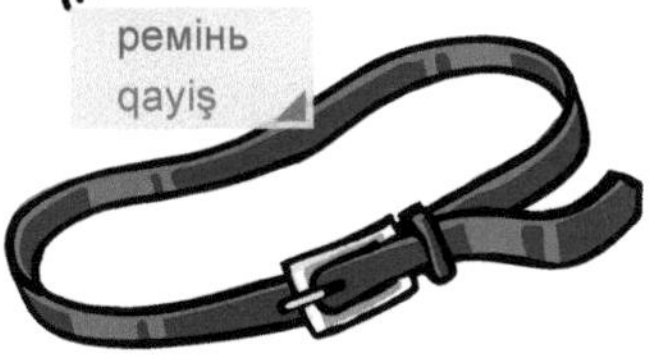

чоботи
şekal

кросівки
pêlav

домашнє взуття
pêlavê nav malê

сандалі
....
solik

взуття
....
sol

гумові чоботи
....
potîna çermê

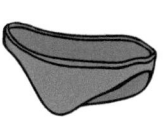

труси
....
pantolê jêr

бюстгальтер
....
pêsîrbend

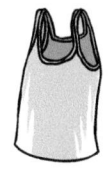

нижня сорочка
....
çekbend

боді

cendek

штани

pantol

джинси

jeans

спідниця

daman

блузка

kiras

сорочка

kiras

пуловер

fanêle

светр

fanêle

піджак

cakêt

куртка

sako

пальто

çaket

дощовик

baranî

костюм

lebas

сукня

fîstan

весільна сукня

cilê dawetê

костюм

kostum

нічна сорочка

pêcame

піжама

pêcame

capi

saree

головна хустка

leçik

чалма

mêzer

бурка

hêram

кафтан

kaftan

абая

eba

купальник

kinca ajnêkirin

плавки

cilka melevanî

шорти

şort

тренувальний костюм

cila hêvojkarî

фартух

pêşmal

рукавички

lepik

гудзик

dûgme

окуляри

berçavik

браслет

bazin

ланцюг

gerdenî

кільце

gustîl

сережка

guhark

шапка

devik

плічка

hilavistek

капелюх

kûm

краватка

kirawat

застібка-блискавка

zîp

шолом

serparêz

підтяжки

derzî

шкільна форма

kinca dibistanê

уніформа

yûnîform

нагрудник

berdilk

соска

memik

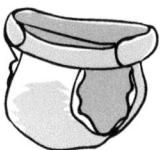

підгузок

pundax

офіс
ofîs

сервер
pêşkeşker

шаф для документів
dolabê belge

принтер
çaper

монітор
nîşander

папір
kaxez

миша
mişk

письмовий стіл
mase

папка
defter

синтезатор
klavye

кошик для паперу
sepeta kaxezê

стілець
kursî

комп'ютер
komputer

кавовий кухоль

kasika qehwe

калькулятор

hesabker

інтернет

înternet

ноутбук

komputera laptop

лист

name

повідомлення

peyam

мобільний телефон

telefona mobîl

мережа

tor

копіювальний пристрій

mekîna fotokopî

програмне забезпечення

software

телефон

telefon

розетка

socketa fîşek

факс

mekîna faxê

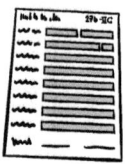

бланк

form

документ

belge

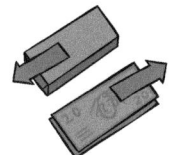

купувати

standin

платити

pere dan

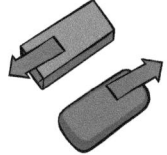

торгувати

bazirganî

гроші

pere

долар

dollar

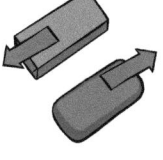

євро

yoro

ієна

yenê Japonê

рубль

roblê Rûsî

франк

firankê Swîsê

юанів женьміньбі

yuanê Çînê

рупія

rûpee Hindî

банкомат

mekîna jixwebera dirav

обмінний пункт

ofîsa pere veguhartinê

золото

zêrr

срібло

zîv

нафта

neft

енергія

wize

ціна

biha

контракт

peyman

податок

tax

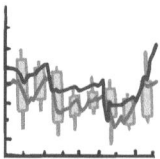

акція

seham

працювати

karkirin

працівник

karker

роботодавець

karda

фабрика

fabrîka

магазин

dikan

професії
profesyon

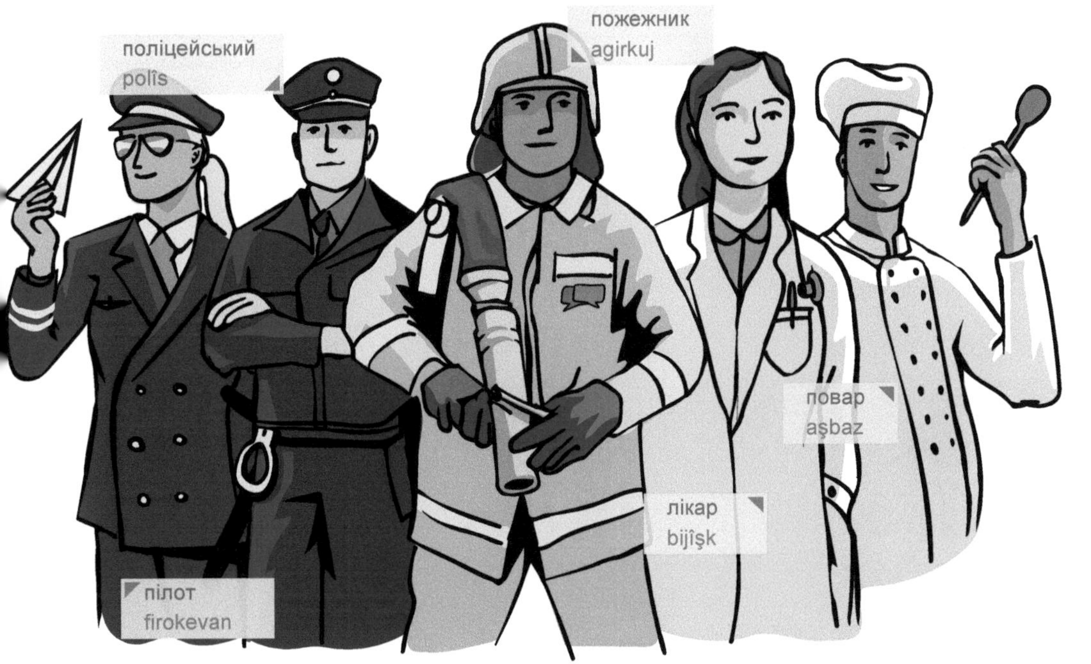
поліцейський
polîs
пожежник
agirkuj
повар
aşbaz
лікар
bijîşk
пілот
firokevan

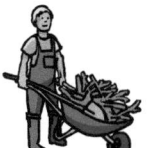

садівник

baxçevan

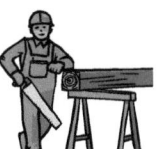

столяр

necar

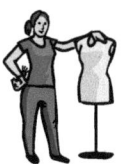

швачка

dirûnvan

суддя

hakim

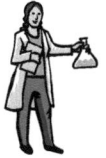

хімік

şîmyazan

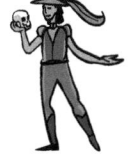

актор

şanoger

водій автобуса

şufêrê basê

таксист

şufêrekî taksiyê

рибалка

masîvan

прибиральниця

pagijker

покрівельник

çêkirê banî

офіціант

berkar

мисливець

nêçirvan

художник

rengrês

пекар

nanpêj

електрик

karebavan

будівельник

avaker

інженер

endezyar

забійник

qesab

бляхар

lûlekar

листоноша

postevan

солдат

esker

архітектор

mîmar

касир

diravgir

флорист

firotkara çîçekan

перукар

porçêker

кондуктор

ajovan

механік

mekanîk

капітан

keştîvan

дантист

pizîşka didanan

вчений

zanistyar

рабин

rûhan

імам

îmam

монах

keşe

пастор

keşîş

інструменти

amûran

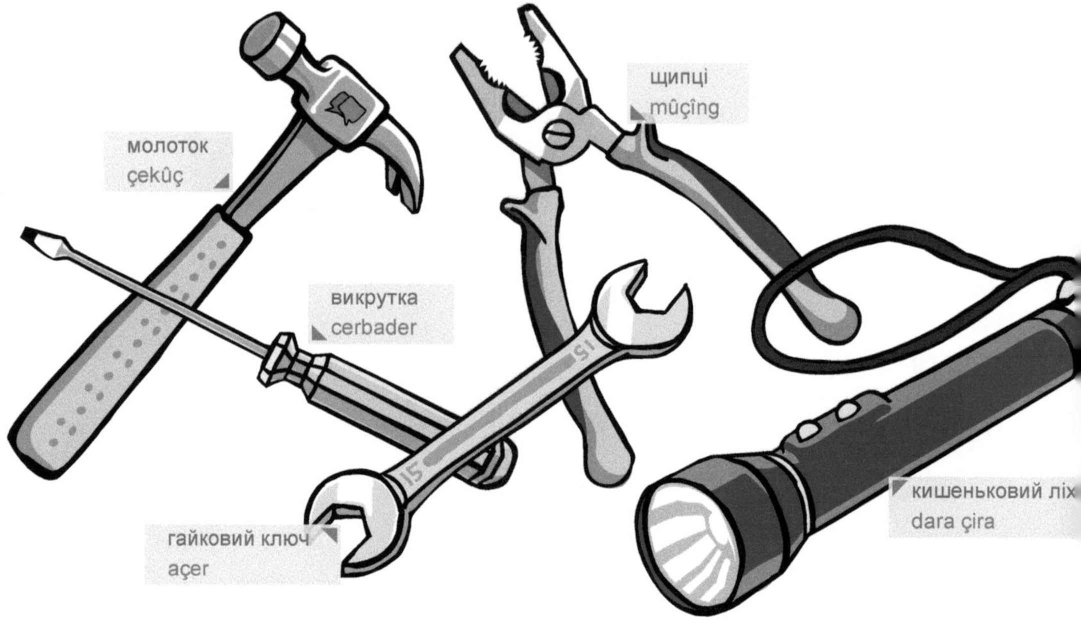

молоток
çekûç
щипці
mûçîng
викрутка
cerbader
гайковий ключ
açer
кишеньковий ліх
dara çira

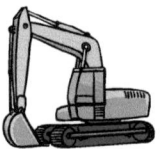

екскаватор

şofel

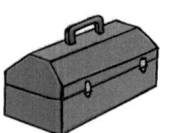

ящик для інструментів

qûtiya amûran

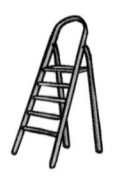

драбина

peyje

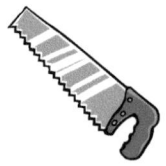

пилка

mişar

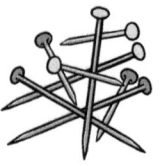

цвяхи

mîx

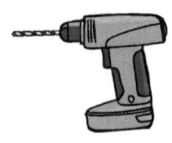

свердло

qulkirin

ремонтувати

çêkirin

лопата

merbêr

лайно!

nalet!

совок

bêl

відро з фарбою

qûtiya rengê

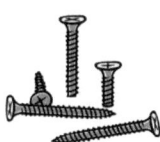

гвинти

cerr

музичні інструменти
amûrên mûzîkê

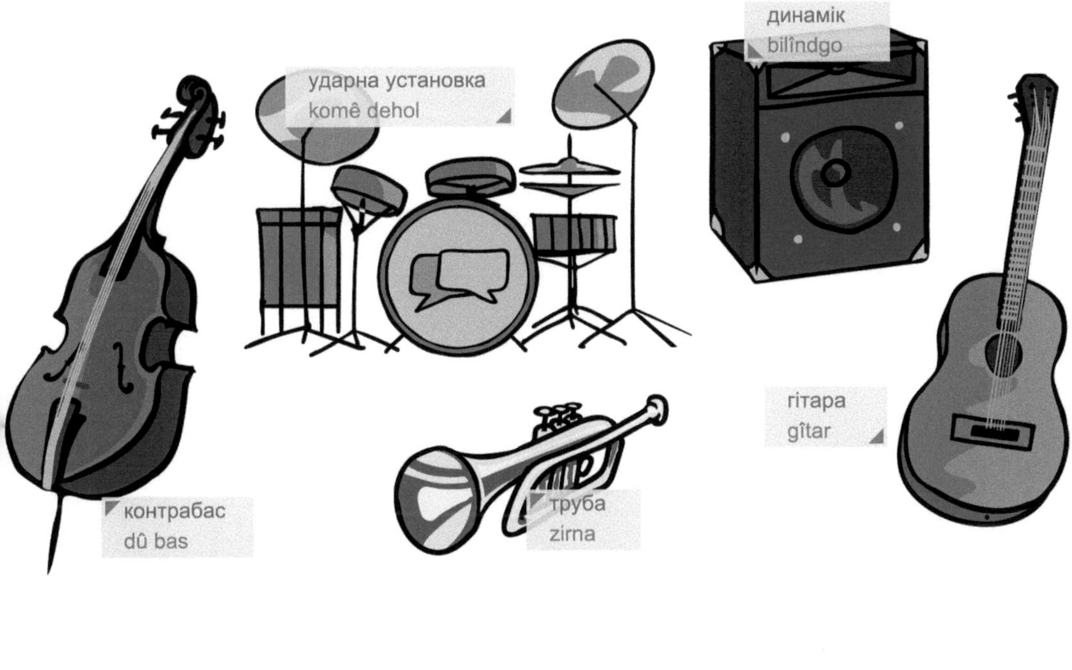

динамік
bilîndgo

ударна установка
komê dehol

гітара
gîtar

контрабас
dû bas

труба
zirna

фортепіано

piyano

скрипка

viyolîn

бас

bas

литаври

dehol

барабан

dahol

клавіатура

keyboard

саксофон

saksofon

флейта

bilûr

мікрофон

mîkrofon

зоопарк

baxça heywanan

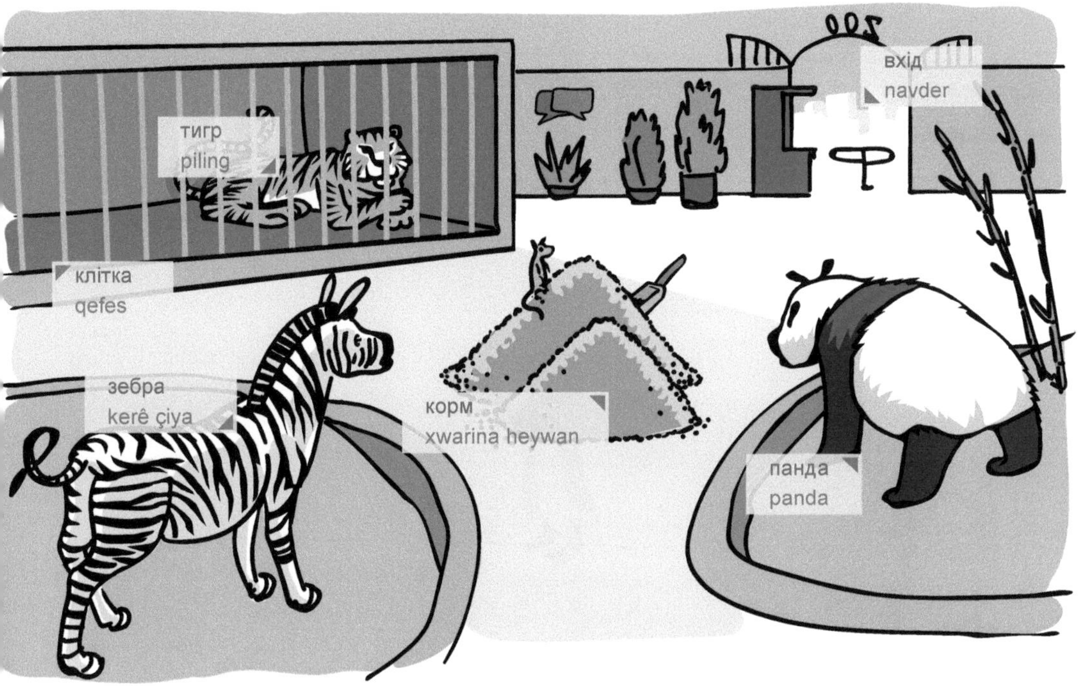
zoo
вхід
navder
тигр
piling
клітка
qefes
зебра
kerê çiya
корм
xwarina heywan
панда
panda

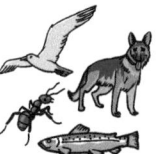

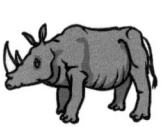

тварини

heywan

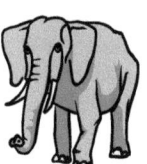

слон

fîl

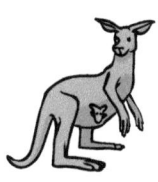

кенгуру

kangarû

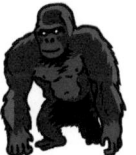

носоріг

kerkeden

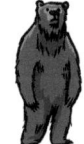

горила

gorîl

ведмідь

hirç

верблюд

hêştir

страус

hêştirme

лев

şêr

мавпа

meymûn

фламінго

flamîngo

папуга

papaxan

білий ведмідь

hirça cemserî

пінгвін

penguîn

акула

semasî

павич

tawûs

змія

mar

крокодил

timsah

працівник зоопарку

parêzera baxça ajalan

тюлень

seya derya

ягуар

piling

поні

hesp

леопард

piling

гіпопотам

hespê rûbar

жираф

canhêştir

орел

helo

кабан

berazê kovî

риба

masî

черепаха

kûsî

морж

walras

лисиця

rovî

газель

xezal

американський футбол
fûtbolê Amerîka

їзда на велосипеді
bisiklêtan

теніс
tenîs

баскетбол
baskêtbol

плавання
avjenîkirin

бокс
boxing

хокей
hokeya ser cemedê

футбол
fûtbol

бадмінтон
badminton

легка атлетика
yê atletîzmê

гандбол
hendbol

лижні перегони
befirajotin

поло
polo

дії
çalakiyan

сміятися
kenîn
стрибати
hilpeke
обіймати
hembêz
йти
birêveçûn
співати
lawje gutin
мріяти
xewn dîtin
молитися
nimêj kirin
цілувати
maçkirin

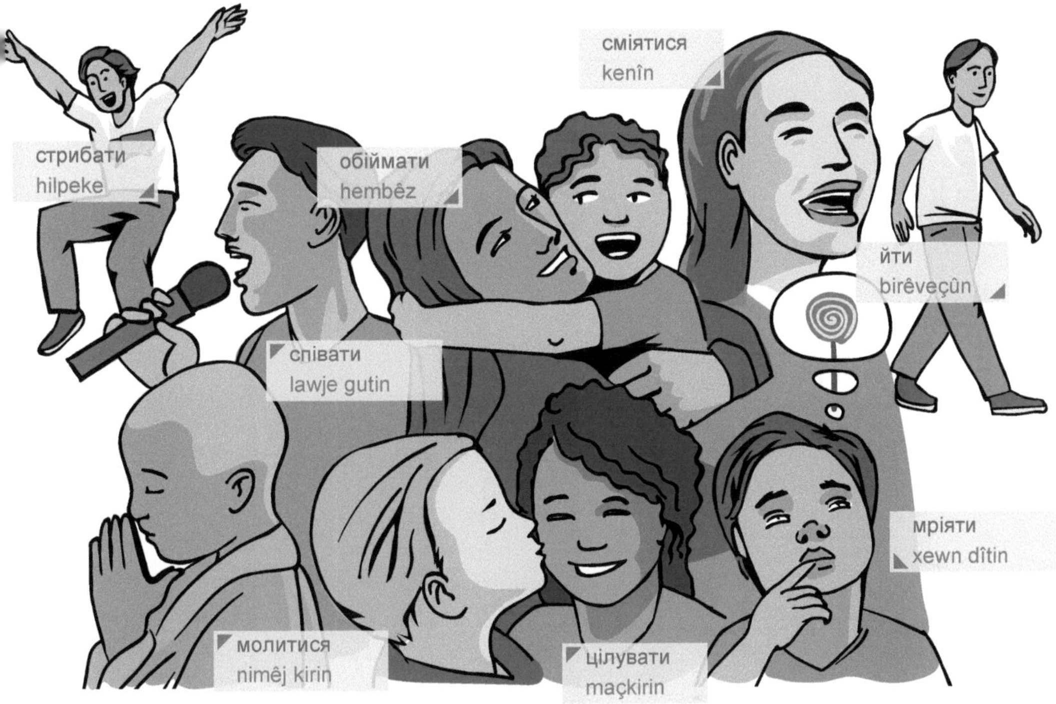

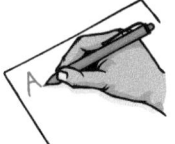

писати
nivîsandin

малювати
nîgar kêşan

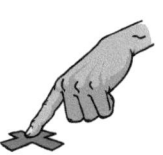

показувати
nîşan dan

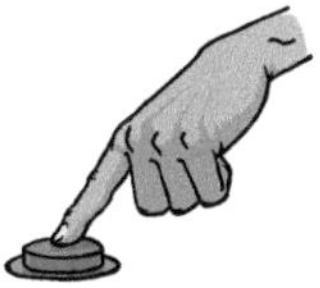

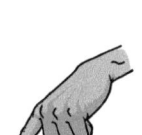

тиснути
paldan

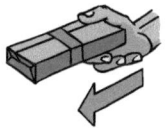

давати
dayîn

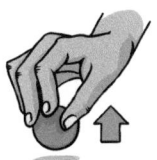

брати
rakirin

мати	робити	бути
heyîn	kirin	bûn

стояти	бігати	тягнути
sekinîn	bazdan	kişandin
		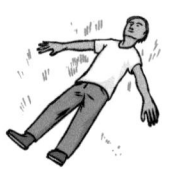
кидати	падати	лежати
avêtin	ketin	derew kirin

очікувати	носити	сидіти
sekinîn	guhêztin	rûniştin

одягати	спати	просипатися
cil berkirin	razan	rabûn

дії - çalakiyan

дивитися

mêze kirin

плакати

girîn

гладити

celte

розчісувати

şe kirin

розмовляти

peyvîn

розуміти

famkirin

питати

pirskirin

слухати

bihîstin

пити

vexwarin

їсти

xwarin

прибирати

kom kirin

любити

hezkirin

варити

xwarin çêkirin

їхати

ajotin

літати

firrîn

йти під вітрилом

kesştîvanî

рахувати

hesibandin

читати

xwandin

вчитися

hînbûn

працювати

karkirin

одружуватися

zewicîn

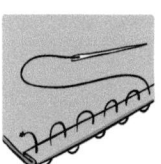

шити

dirûtin

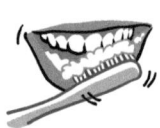

чистити зуби

didan şûtin

убивати

kuştin

курити

dûxan

посилати

şandin

бабуся
dapîr

дідуся
bapîr

батько
bav

мати
dê

немовля
bebek

донька
keç

син
kur

гість

mêvan

тітка

met

дядько

ap/xal

брат

bira

сестра

xwîşl

тіло

beden

чоло
enî
око
çav
плече
mil
палець
tilî
обличчя
rû
підборіддя
zenî
кисть
dest
груди
sîng
нога
ling
рука
pîl

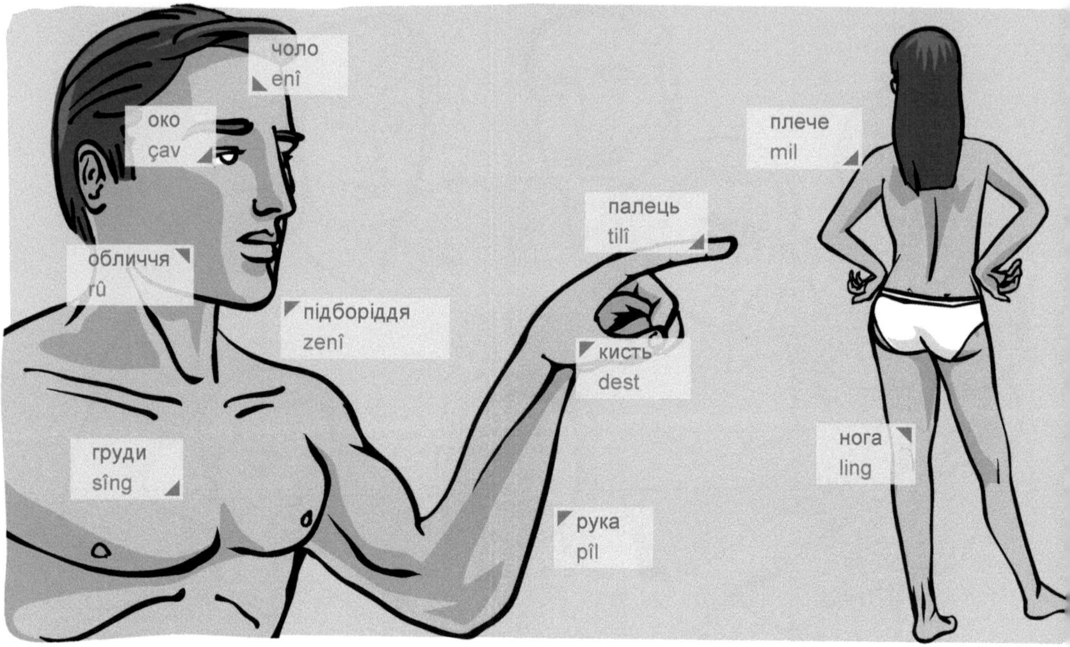

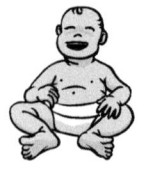

немовля
bebek

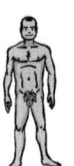

чоловік
mêr

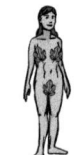

жінка
jin

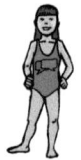

дівчина
keç

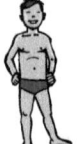

хлопчик
kor

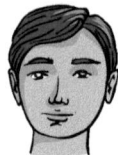

голова
ser

спина

pişt

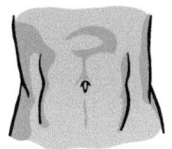

живіт

zik

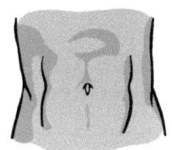

пуп

navik

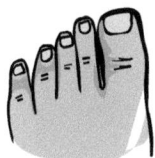

палець ноги

tilîya pê

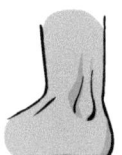

п'ята

panî

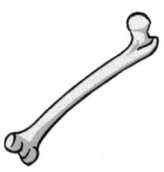

кістка

hestî

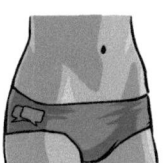

стегно

kûlîmek

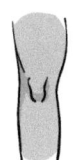

коліно

jûnî

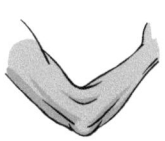

лікоть

enîşk

ніс

difn

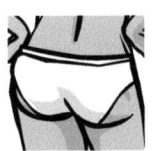

сідниці

qûn

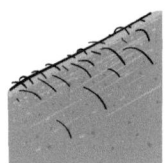

шкіра

çerm

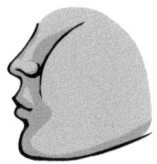

щока

rû

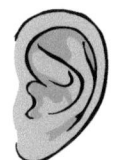

вухо

gûh

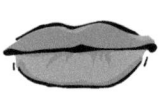

губа

lêv

рот

dev

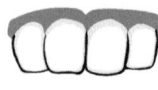

зуб

diran

язик

ziman

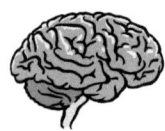

мозок

mêjî

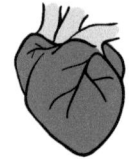

серце

dil

м'яз

masûl

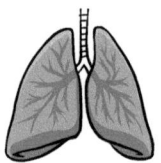

легені

cîgera spî

печінка

ceger

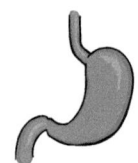

шлунок

made

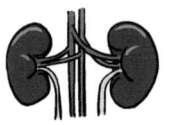

нирки

gûrçikan

статевий акт

cotbûn

презерватив

kondom

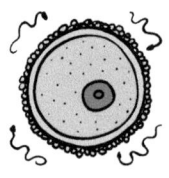

яйцеклітина

hêk

сперма

tov

вагітність

dûcanî

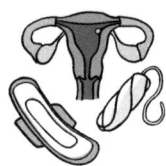

менструація
ade

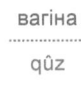

вагіна
qûz

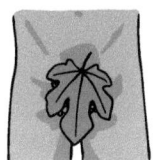

пеніс
kîr

брова
birû

волосся
por

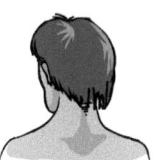

шия
hûstû

лікарня

nexweşxane

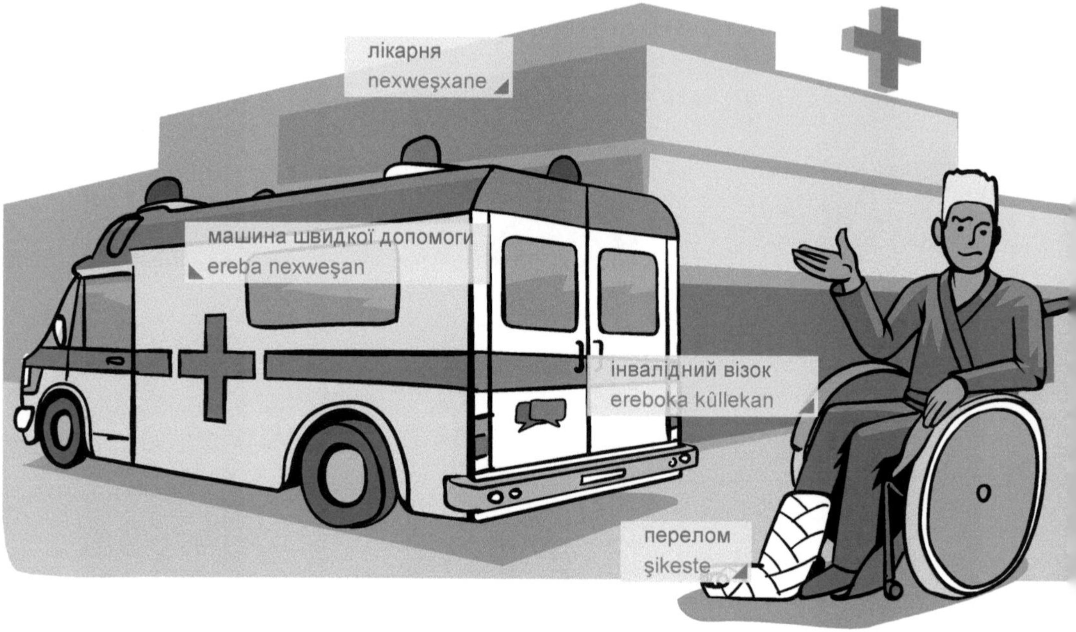

лікарня
nexweşxane
машина швидкої допомоги
ereba nexweşan
інвалідний візок
ereboka kûllekan
перелом
şikeste

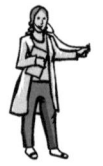

лікар

bijîşk

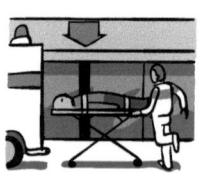

відділення швидкої медичної допомоги

oda lezgînê

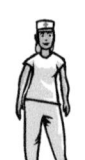

медсестра

nexweşyar

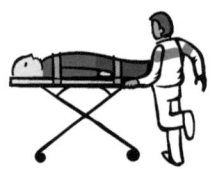

аварійний випадок

acîlîyet

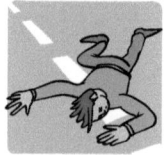

непритомний

bêhay

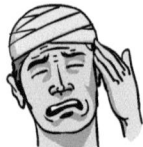

біль

êş

травма

birîn

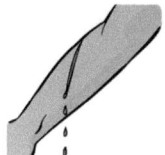

кровотеча

xwînpijan

інфаркт

hêrişa dilî

інсульт

celte

алергія

alerjî

кашель

kuxik

лихоманка

ta

грип

zikam

пронос

navçûyin

головна біль

serêş

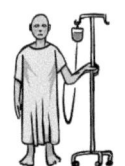

рак

qansêr

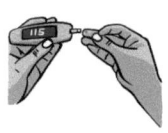

діабет

nexweşiya şekirê

хірург

emelîkar

скальпель

skalpêl

операція

emelî

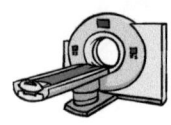

КТ
CT

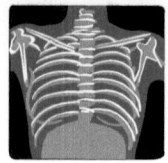

рентген
sûretê rontgên

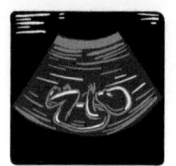

ультразвук
ûltrasawnd

маска
maskê rûyê

хвороба
nexweşî

зал очікування
oda sekinînê

милиця
goçan

пластир
şêl

пов'язка
paçê birînpêçanê

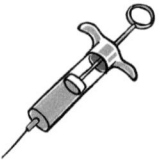

ін'єкція
derzî

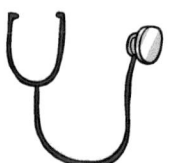

стетоскоп
bîstoka pizîşkî

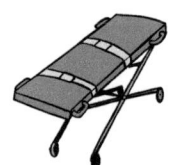

ноші
darbest

термометр
têhnpîva klînîkê

народження
zayîn

надмірна вага
qelew

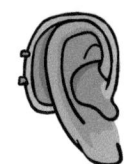

слуховий апарат

alîkariya bihîstinê

дезінфікуючий засіб

bakterîkuj

інфекція

kotîbûn

вірус

vîrûs

ВІЛ / СНІД

HIV / AIDS

медицина

derman

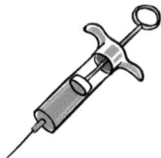

вакцинація

kutan

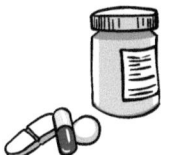

таблетки

heban

протизаплідна пігулка

heb

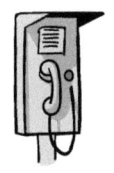

екстрений виклик

lezgîn

тонометр

dîmenderê pesto xwîn

хворий / здоровий

nexweş / sax

сигнал тривоги

alarm

напад

êrîş

Допоможіть!

Hewar!

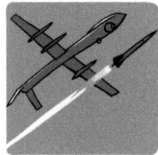

атака

êrîşkirin

небезпека

talûk

аварійний вихід

derketina acil

Вогонь!

agir!

вогнегасник

agir vemirandinê

аварія

qeza

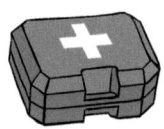

аптечка

aletên alîkariya yekem

СОС

SOS

поліція

polîs

Європа

Ewropa

Північна Америка

Amerîkaya Bakûr

Південна Америка

Amerîkaya Başûr

Африка

Afrîka

Азія

Asya

Австралія

Awustralya

Атлантика

Atlantîk

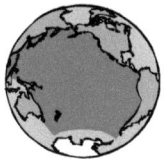

Тихий океан

Okyanûsa Mezin

Індійський океан

Okyanûsa Hindî

Антарктичний океан

Okyanûsa Antarktîka

Північний Льодовитий
океан

Okyanûsa Arktîk

Північний полюс

Cemsera Bakûr

Південний полюс

Cemsera Başûr

Антарктика

Antarktîka

Земля

erd

суша

ax

море

behir

острів

dûrge

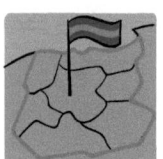

нація

milllet

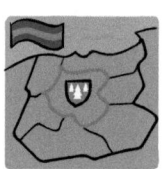

держава

welat

циферблат

rûyê saet

годинникова стрілка

nişanderka demjimêr

хвилинна стрілка

nişanderka deqe

секундна стрілка

nişanderka saniye

Котра година?

Seet çende?

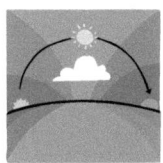

день

roj

час

dem

зараз

niha

цифровий годинник

saetê dicîtal

хвилина

deqe

година

seet

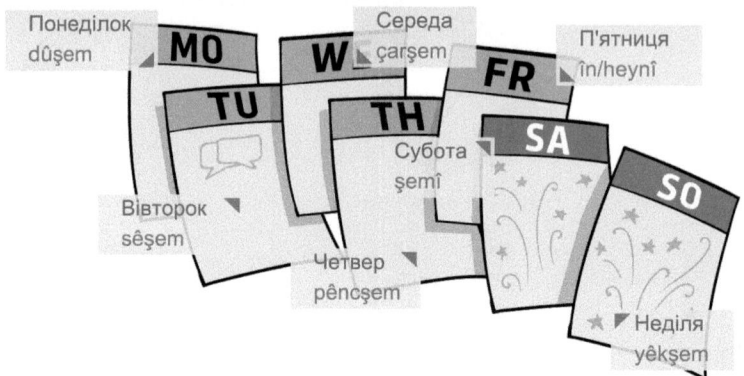

Понеділок
dûşem

Середа
çarşem

П'ятниця
în/heynî

Вівторок
sêşem

Четвер
pêncşem

Субота
şemî

Неділя
yêkşem

вчора

duh

сьогодні

îro

завтра

sibey

ранок

sibe

опівдні

nîvro

вечір

êvar

MO	TU	WE	TH	FR	SA	SU
1	2	3	4	5	6	7
8	9	10	11	12	13	14
15	16	17	18	19	20	21
22	23	24	25	26	27	28
29	30	31	1	2	3	4

робочі дні

rojên karê

MO	TU	WE	TH	FR	SA	SU
1	2	3	4	5	6	7
8	9	10	11	12	13	14
15	16	17	18	19	20	21
22	23	24	25	26	27	28
29	30	31	1	2	3	4

кінець робочого тижня

dawiya hefte

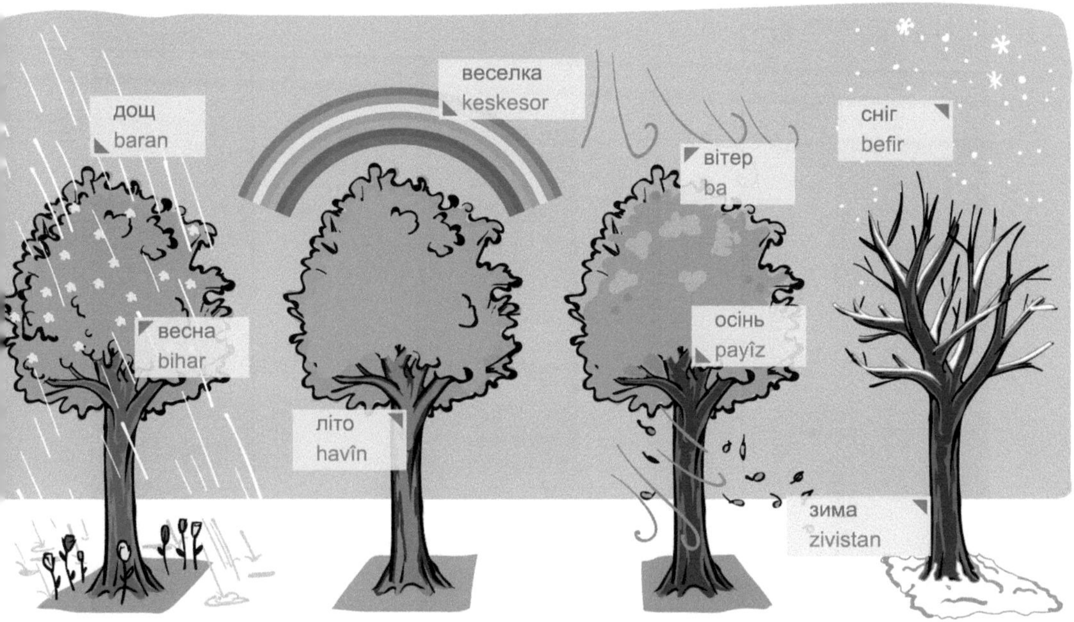

дощ
baran
веселка
keskesor
вітер
ba
сніг
befir
весна
bihar
осінь
payîz
літо
havîn
зима
zivistan

4.APRIL 11°
5.APRIL 4°
6.APRIL 13°
7.APRIL 8°
8.APRIL 10°

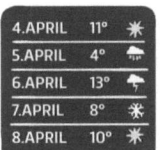

прогноз погоди

pêşbîniya hewa

F
C

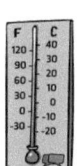

термометр

tehnpîv

сонячне світло

tav

хмара

hewr

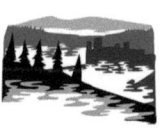

туман

mij

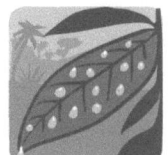

вологість повітря

hêmî

блискавка
birq

грім
brûsk

шторм
tofan

град
terg

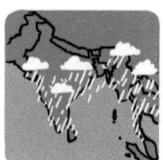

мусон
mansûn

повінь
lehî

лід
cemed

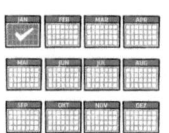

Січень
rêbendan

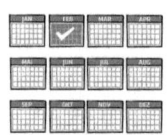

Лютий
reşeme

Березень
newroz

Квітень
gulan

Травень
cozerdan

Червень
pûşper

Липень
gelawêj

Серпень
xermanan

Вересень

rezber

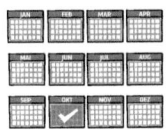

Жовтень

kewçêr

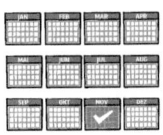

Листопад

sermawez

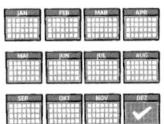

Грудень

befranbar

форми
şêwe

круг

çember

квадрат

çarçik

прямокутник

çarqozî

трикутник

sêqozî

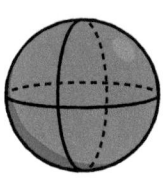

куля

qada

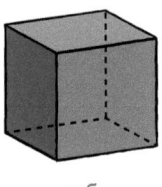

куб

xiştek

білий

sipî

жовтий

zer

помаранчевий

pirteqalî

рожевий

pembe

червоний

sor

фіолетовий

mor

синій

şîn

зелений

kesik

коричневий

qehweyî

сірий

gewr

чорний

reş

багато / мало

zor / kêm

лютий / мирний

bi hêrs / bêdeng

гарний / бридкий

bedew / nerind

початок / кінець

destpêk / dawî

великий / малий

mezin / biçûk

світлий / темний

ronî / tarî

брат / сестра

brak / xwişk

чистий / брудний

pagij / girêj

завершений /
незавершений
tevî / netemam

день / ніч

roj / şev

мертвий / живий

mirî / zindî

широкий / вузький

fire / teng

їстівний / неїстівний

xweş / nexweş

злий / дружній

nebaş / baş

збуджений / нудьгуючий

bi heyecan / aciz

товстий / тонкий

qelew / zirav

спочатку / востаннє

yekemîn / dawîn

друг / ворог

heval / dijmin

повний / порожній

tijî / vala

жорсткий / м'який

req / nerm

важкий / легкий

giran / sivik

голод / спрага

birçî / tînî

хворий / здоровий

nexweş / sax

незаконний / законний

neqanûnî / qanûnî

розумний / дурний

rewşenbîr / balûle

вліво / вправо

çep / rast

поруч / далеко

nêzî / dûr

новий / використаний

nû / bikarhatî

нічого / щось

hîç / tiştek

старий / молодий

kal / ciwan

вкл / викл

li / ji

відкрито / закрито

vekirî / girtî

тихо / гучно

aram / dengbilind

багатий / бідний

dewlemend / reben

правильно / неправильно

rast / şaş

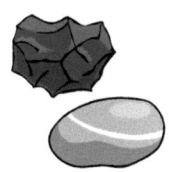

шорсткий / гладкий

dirr / hilû

сумний / щасливий

xemgîn / şa

короткий / довгий

kurt / dirêj

повільно / швидко

hêdî / zû

вологий / сухий

şil / ziwa

гарячий / холодний

germ / hênik

війна / мир

şerr / aşitî

0

нуль

sifir

1

один

yek

2

два

dû

3

три

sê

4

чотири

çar

5

п'ять

pênc

6

шість

şeş

7

сім

heft

8

вісім

heşt

9

дев'ять

neh

10

десять

deh

11

одинадцять

yazde

12

дванадцять

dazde

13

тринадцять

sêzde

14

чотирнадцять

çarde

15

п'ятнадцять

pazde

16

шістнадцять

şazde

17

сімнадцять

hefde

18

вісімнадцять

hejde

19

дев'ятнадцять

nozdeh

20

двадцять

bîst

100

сто

sed

1.000

тисяча

hezar

1.000.000

мільйон

milyon

англійська

Inglîzî

американська англійська

Inglîziya Amerîkî

китайська
високочиновницька

Çînî Mandarîn

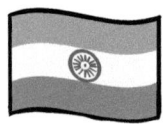

хінді

Hindî

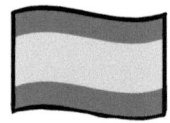

іспанська

Îspanyolî

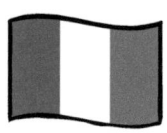

французька

Frensî

арабська

Erebî

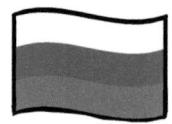

російська

Rûsî

португальська

Portugalî

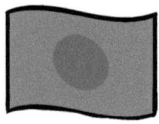

бенгальська

Bengalî

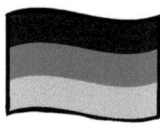

німецька

Elmanî

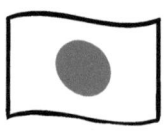

японська

Japonî

я

min

ти

tu

він / вона / воно

ew / ev / ew

ми

em

ви

tu

вони

ew

хто?

kî?

що?

çi?

як?

çawa?

де?

kû?

коли?

kengî?

ім'я

nav

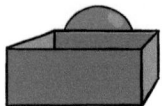

ззаду

piştî

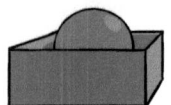

в

li

перед

pêşî

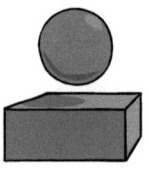

над

ser

на

ser

під

bin

біля

kêlek

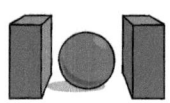

між

navber

місце

cih